# BEI GRIN MACHT SICH IHR
# WISSEN BEZAHLT

- Wir veröffentlichen Ihre Hausarbeit,
  Bachelor- und Masterarbeit

- Ihr eigenes eBook und Buch -
  weltweit in allen wichtigen Shops

- Verdienen Sie an jedem Verkauf

## Jetzt bei www.GRIN.com hochladen
## und kostenlos publizieren

Daniel Szameitat, Martin Haug

# Sicherheit von Android-Betriebssystemen

GRIN Verlag

**Bibliografische Information der Deutschen Nationalbibliothek:**

Die Deutsche Bibliothek verzeichnet diese Publikation in der Deutschen National-
bibliografie; detaillierte bibliografische Daten sind im Internet über http://dnb.d-
nb.de/ abrufbar.

Dieses Werk sowie alle darin enthaltenen einzelnen Beiträge und Abbildungen
sind urheberrechtlich geschützt. Jede Verwertung, die nicht ausdrücklich vom
Urheberrechtsschutz zugelassen ist, bedarf der vorherigen Zustimmung des Verla-
ges. Das gilt insbesondere für Vervielfältigungen, Bearbeitungen, Übersetzungen,
Mikroverfilmungen, Auswertungen durch Datenbanken und für die Einspeicherung
und Verarbeitung in elektronische Systeme. Alle Rechte, auch die des auszugsweisen
Nachdrucks, der fotomechanischen Wiedergabe (einschließlich Mikrokopie) sowie
der Auswertung durch Datenbanken oder ähnliche Einrichtungen, vorbehalten.

**Impressum:**

Copyright © 2013 GRIN Verlag GmbH
Druck und Bindung: Books on Demand GmbH, Norderstedt Germany
ISBN: 978-3-656-49366-2

**Dieses Buch bei GRIN:**

http://www.grin.com/de/e-book/232592/sicherheit-von-android-betriebssystemen

## GRIN - Your knowledge has value

Der GRIN Verlag publiziert seit 1998 wissenschaftliche Arbeiten von Studenten, Hochschullehrern und anderen Akademikern als eBook und gedrucktes Buch. Die Verlagswebsite www.grin.com ist die ideale Plattform zur Veröffentlichung von Hausarbeiten, Abschlussarbeiten, wissenschaftlichen Aufsätzen, Dissertationen und Fachbüchern.

**Besuchen Sie uns im Internet:**

http://www.grin.com/

http://www.facebook.com/grincom

http://www.twitter.com/grin_com

# Sicherheit von Android-Betriebssystemen

## Seminararbeit, Hochschule Aalen

Martin Haug    Daniel Szameitat

Wintersemester 2012/2013

### Zusammenfassung

Diese Ausarbeitung beschäftigt sich mit der Sicherheit des Mobilgeräte-Betriebs-systems Android. Zunächst wird eine Übersicht über die Architektur von Android und Android-Apps gegeben. Zudem wird auf in der Vergangenheit erfolgreiche Angriffe auf Android eingegangen.

Danach wird die Sicherheit auf Betriebssystem-Ebene beleuchtet: Zunächst wird der zugrunde liegende Linux-Kernel und dessen Sicherheitsimplikationen betrachtet. Dann wird erläutert inwiefern die Apps durch eine Sandbox vom System abgeschirmt werden. Die Verschlüsselung des Dateisystems und die Administration des Gerätes werden ebenfalls betrachtet. Im weiteren wird auf das Phänomen des Rootings eingegangen.

In Abschnitt 3 werden die Sicherheitsaspekte von Android-Apps und deren Umsetzung in Android behandelt. Dazu werden zunächst die Bestandteile einer App und die Programmierschnittstellen von Android erklärt. Danach werden Datenschutzaspekte behandelt. Nachfolgend wird erläutert, welche Probleme sich bei der Nutzung von Google Play ergeben und wie diese angegangen werden. Die Rolle von App-Signaturen im Sicherheitskonzept von Android wird im darauffolgenden Abschnitt abgedeckt. Abschließend wird das DRM-Framework von Android beleuchtet.

Die Ausarbeitung endet mit einer Diskussion der gewonnenen Erkenntnisse und der Update-Problematik und des Fernzugriffs auf Android-Geräte.

# Inhaltsverzeichnis

# 1 Einleitung

## 1.1 Android-Architektur

Bevor man die verschiedenen Sicherheitsaspekte, die Google in sein Android-System eingebaut hat, verstehen kann, muss man den Aufbau von Android verstehen. Android befindet sich zurzeit in der Version 4.x. Die Android-Architektur gliedert sich in eine Fünf-Schichtenarchitektur (siehe Anhang A). Die erste Schichte - auf der alles aufbaut - ist der Linux Kernel. Dieser ist aktuell in Version 2.6 (weitere Informationen finden sich in Unterabschnitt 2.1). Darüber liegt zum einen die zweite Schicht, welche die von Google eigens entwickelte Android Runtime darstellt und zum anderen die Schicht drei, welche eine Sammlung von Standard Bibliotheken beinhaltet. Grob betrachtet ist die Android Runtime der eigentliche Kern des Systems, welcher Android von anderen Linux Systemen unterscheidet. Hier hat Google die Verwaltung von Applikationen - mit einer eigenen Implementierung der virtuellen Java-Sandbox - realisiert. Die neue virtuelle Umgebung läuft unter dem Namen Dalvik Virtual Machine (DVM). Intern kompiliert sie den Java Code in einen Bytecode um. Der resultierende Bytecode wurde für ein Maximum an Performance optimiert. Das Prinzip erinnert stark an Microsofts Common Language Runtime, die im .Net Framework zum Einsatz kommt. Etwas merkwürdig erscheint, dass die Bibliotheken der Schicht drei nativer C/C++ Code ist, welcher nicht in der DVM ausgeführt wird. Die Schicht 4 nutzt die vorherigen Schichten um den Entwicklern von Applikationen ein simples Framework bereitzustellen. Durch komfortable Schnittstellen erleichtert das Framework den Zugriff auf verschiedenste Funktionen und Treiber des Systems. Die fünfte und letzte Schicht beinhaltet die Applikationen selbst. Prinzipiell kann man sich noch eine weitere sechste Schicht dazu denken: Dies wäre dann der von Google geführte App-Store (Google Play). Für alle Schichten gilt folgendes Prinzip:

Each component assumes that the components below are properly secured.
—Quelle: Android Open Source Project 2012a

Kurz gesagt bedeutet dies, dass jede Schicht sich darauf verlässt, dass die untere Schicht sicher ist. Ein Vorteil davon ist, dass ein Exploit nur Schaden auf der jeweiligen Schicht anrichtet. Der Nachteil davon ist, dass, wenn der Fehler schon im Kernel steckt, die Schichten darüber ebenfalls unsicher werden. Die Folgende Arbeit orientiert sich an der Schichten Architektur. So finden sich in Abschnitt 2 Sicherheitsfeatures der Schicht eins und zwei. Abschnitt 3 behandelt dann die Schichten vier, fünf und sechs.

## 1.2 Android-Apps

Die größte Menge aller Applikationen für Android befindet sich im Android Market (Google Play). Google Play ist ein Platz, an dem alle Entwickler ihre Apps veröffentlichen können und alle Benutzer des Systems diese Apps beziehen. Im ersten Moment erinnert Google Play an den App-Store von Apple, allerdings gibt es hier gravierende Unterschiede bei der Verwaltung, da Google keine Genehmigungsverfahren für Apps vorgesehen hat. Google setzt vielmehr auf eine Bewertungsstrategie, bei der die Apps, welche fehlerhaft

3

| Linux-Kernel | Android |
|---|---|
| 2.6.27 | 1.1 |
| 2.6.32 | 2.1 Eclair |
| 2.6.36 | 2.3.3 Gingerbread |
| 3.0.1 | 3.2 Honeycomb |
| 3.0.31 | 4.0.3 Ice Cream Sandwich |

Tabelle 1: Android-Versionen[3]

sind, durch schlechte Bewertungen bedeutungslos werden. Im Notfall hat sich aber auch Google eine Hintertür geschaffen. Wird eine App als gefährlich eingestuft, kann sie durch das „Remote Application Removal Feature" nachträglich von Google auf dem Handys gelöscht werden. Ein bekannter Fall, bei dem Google dieses Feature nutzte, war im Jahre 2010, als eine App zum Installieren von böswilligen Apps in Umlauf gekommen war[1]. Neben diesem Vorfall sind auch noch andere Fälle bekannt. So löschte Google im Jahr 2012 ohne Begründung eine App aus Google Play, die dem Benutzer mehr Möglichkeiten und Sicherheit beim Installieren von Apps geben sollte[2]. So kann man zusammenfassend sagen, dass Google seinen Android Market gut positioniert hat und auch Möglichkeiten hat auf Sicherheitsvorfälle zu reagieren. Kritisch ist dabei, dass es teilweise mehrere Tage dauern kann, bis Kritisch ist dabei, dass es teilweise mehrere Tage dauern kann, bis Google reagiert und dass sich Google auch vorbehält ohne Angabe von Gründen Apps aus Google Play zu entfernen.

## 2 Sicherheit auf Betriebssystem-Ebene

### 2.1 Linux-Kernel

Google verwendet für sein Android Betriebssystem einen Linux Kernel. Dabei profitiert Android davon, dass der Kernel sich schon in der Praxis bewährt hat und sowohl sicher als auch stabil läuft. Google selbst hat den Linux Kernel so angepasst, dass er für Smartphones optimiert ist. In Tabelle 1 sind die verwendeten Kernel-Versionen in Android aufgeführt.

Eine erste sicherheitsrelevante Schwachstelle fällt an dieser Stelle schon auf. Um sie zu erkennen, muss man allerdings noch Tabelle 1 betrachten: Hier sieht man die Verbreitung der Android-Versionen weltweit. Zu sehen ist, dass mit 54% die Version 2.3 am weitesten verbreitet ist. Allerdings steckt in dieser Version ein älterer Linux Kernel mit Version

---

[1] Heise Security 2010.
[2] Frickel 2012.

4

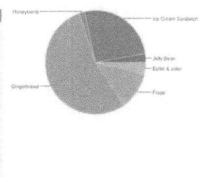

| Version | Codename | API | Distribution |
|---|---|---|---|
| 1.5 | Cupcake | 3 | 0.1% |
| 1.6 | Donut | 4 | 0.3% |
| 2.1 | Eclair | 7 | 3.1% |
| 2.2 | Froyo | 8 | 12% |
| 2.3 - 2.3.2 | Gingerbread | 9 | 0.3% |
| 2.3.3 - 2.3.7 | | 10 | 53.9% |
| 3.1 | Honeycomb | 12 | 0.4% |
| 3.2 | | 13 | 1.4% |
| 4.0.3 - 4.0.4 | Ice Cream Sandwich | 15 | 25.8% |
| 4.1 | Jelly Bean | 16 | 2.7% |

*Data collected during a 14-day period ending on November 1, 2012*

Abbildung 1: Versionsverteilung[4]

2.6. Eine einfache Suche-Anfrage bei nur einer Exploit-Datenbank zeigt schon ca. 50 bekannte Exploits[5]. Google sollte die Verbreitung der neusten Versionen vorantreiben, um weiteren Negativ-Schlagzeilen aus dem Weg zu gehen.

Google hat eine Reihe gravierender Eingriffe im Kernel vorgenommen. Dabei bestand am Anfang eine Kooperation mit der Linux Community. Zu dieser Zeit war Android im Linux Staging Tree integriert und somit Teil des Kernels. Das änderte sich mit der Version 2.6.33. Die Linux Community entschied, dass Google sich nicht genug um ihren Code kümmert und verbannte Android aus dem Kernel. Der Linux-Kernelentwickler Greg Kroah-Hartmann schrieb in seinem Blog als Begründung:

> So, what happened with the Android kernel code that caused it to be deleted?
> In short, no one cared about the code, so it was removed.
> —Quelle: Kroah-Hartmann 2010, „Whats wrong"

Als Folge davon sind der Android-Kernel und der Linux-Kernel inkompatibel. Das verhindert, dass offizielle Kernel-Updates eingespielt werden können. Hier sind die Android Nutzer auf die sparsamen Updates von Google angewiesen (siehe Unterabschnitt 4.1). Bei einer etwas älteren Untersuchung aus dem Jahr 2010 hat das Sicherheitsunternehmen Coverity festgestellt, dass das Androidsystem 0,78 Bugs auf 1000 Zeilen Code enthält. Insgesamt wurden in der Version 2.6 359 „software defects" gefunden. Das Kritische dabei ist, dass 25% davon als riskant eingestuft wurden[6]. Im Vergleich zu anderer Software ist die Analyse zwar positiv für Android ausgefallen. Allerdings besitzen ähnliche Systeme wie z.B. der reine Linux Kernel deutlich weniger Bugs pro 1000 Zeilen.

---

[5] Offensive Security 2012.
[6] Coverity Inc. 2012.

## 2.2 Application-Sandbox

Aufbauend auf dem Linux-Kernel hat Google sein Sicherheitskonzept entwickelt. Ein wesentlicher Bestandteil dieses Konzeptes ist eine Sandbox, in der alle Applikationen laufen. Linux selbst kann zwischen verschiedenen Benutzern anhand einer ID unterscheiden. Dies sorgt dafür, dass ein Nutzer nicht ohne weiteres auf Daten und Programme eines anderen Nutzers zugreifen kann. Google hat dieses Prinzip weiterentwickelt und geht so weit, jeder Applikation eine eigene User ID (UID) zu geben. Damit sind die einzelnen Applikation-Kontexte sicher voneinander getrennt. Wenn die Kamera Bilder macht, kann das Bildbearbeitungsprogramm diese nicht ohne zusätzliche Rechte verarbeiten. Wie verschachtelt damit das System werden kann, verdeutlicht folgendes Beispiel: Eine Java Applikation läuft in ihrer virtuellen Umgebung einer DVM. Die entsprechende DVM läuft in ihrem Kontext, der durch die Sandbox gesichert wird. Mit einem ähnlichen Prinzip war Google auch schon bei seinem Browser „Google Chrome" erfolgreich. Der große Vorteil des Prinzips liegt darin, dass, wenn man es schafft die Sicherheitsmechanismen einer Applikation auszuhebeln, die Applikation trotzdem nur in ihrem Kontext agieren kann. Die offizellen Dokumentation von Google erläutert hierzu:

> Like all security features, the Application Sandbox is not unbreakable. However, to break out of the Application Sandbox in a properly configured device, one must compromise the security of the Linux kernel.
> —Quelle: Android Open Source Project 2012a, „The Application Sandbox"

Das bedeutet, dass man nicht einfach aus der Sandbox ausbrechen kann, sondern erst an den Sicherheitsfeatures des Linux-Kernels vorbei muss. Dies gestaltet sich in der Praxis als sehr schwierig, da Linux ein sehr gut ausgetestetes System ist. Da es aber oft gewollt ist, dass Applikationen untereinander kommunizieren oder Daten austauschen,gibt es in Android ein eigenes Rechtesystem, auf das in Unterabschnitt 3.5 näher eingegangen wird. Eine bekannte Schwachstelle dieses Systems ist das Verwenden von externen Speichern. Da die Implementierung der Usertrennung unter Linux das Dateisystem Ext mit einbezieht, kommt es zu einem Problem bei Dateiträgern, die aus Kompatibilitätsgründen mit FAT formatiert sind. Dateien, die sich auf einem solchen Dateiträger befinden, können von allen Applikationen ohne zusätzliche Rechte gelesen und verschickt werden. Für den besonders kritischen Fall, dass der User ganze Applikationen auf die Speicherkarte auslagert, hat Google aber vorgesorgt. Diese Installationen werden in einem verschlüsselten Container vorgenommen. Damit ist die Installation vor dem Zugriff fremder Apps geschützt. Mehr zur Art der Verschlüsselung findet sich in Unterabschnitt 2.3.

## 2.3 Dateisystem-Verschlüsselung

Das ursprüngliche Dateisystem von Android ist YAFFS2 (Yet Another Flash File System). Google ist mit der Einführung eines recht unbekannten Dateisystems einen ungewöhnlichen Weg gegangen. Der Grund dafür war vermutlich, dass YAFFS effizienter mit NAND-Flash Speicher und Arbeitsspeicher umgeht. Entwickelt wurde das System von Aleph One Ltd., welche die Stärken von YAFFS2 so beschreibt:

> Yaffs (Yet Another Flash File System) is an open-source file system specifically designed to be fast, robust and suitable for embedded use with NAND and NOR Flash.
>
> —Quelle: Aleph One Ltd. 2012

Allerdings hat YAFFS einen entscheidenden Nachteil für die Sicherheit: Die Unix-Permissions und die Dateisystem-Verschlüsselung vom Kernel waren besser im Zusammenhang mit dem hauseigenen Ext4-Dateisystem. Dies und die Tatsache, dass YAFFS Mehrkern-Prozessoren unterstützt, führten dazu, dass Android Ende 2010[7] auf Ext4 umgestiegen ist. Android 3.0 erlaubt somit eine vollständige Verschlüsselung der User Daten. Damit sich diese nutzen lässt braucht, es folgende Voraussetzungen:

- Das /data Dateisystem muss sich auf einem Block-Speichermedium befinden.

- Das Dateisystem muss EXT4 sein.

- Ein User Passwort muss explizit vergeben worden sein.

Die Verschlüsselung basiert auf dem „dmcrypt"-Modul des Device Mappers im Linux-Kernel. Die Verschlüsselung, die dadurch zum Einsatz kommt, ist der AES mit 128 Bit Schlüssellänge und der SHA256-Hashalgorithmus, welche bis heute als sicher gelten. Das Passwort zum Entschlüsseln ist aus dem User-Passwort abgeleitet. Dies soll vor unbefugtem Zugriff, ohne Kenntnis des Handy-Passwortes, schützen. Zusammenfassend kann man sagen, dass die Technik zum Verschlüsseln der Daten zunächst sicher ist, aber auf vielen Geräten wohl keine Anwendung findet, da entweder noch YAFFS oder NAND-Speicher verwendet wird. Ein weiterer Grund, der gegen die Verbreitung von Verschlüsslung spricht, ist, dass die Verschlüsselung keine Muster basierten Passwörter unterstützt, welche zunehmend verbreitet sind. Das „dmcrypt"-Modul von Linux gilt als sicher und ausgereift. Eine potentielle Schwachstelle ist das Passwort für die Verschlüsselung. Denn ist das User-Passwort durch Spyware oder Sozial Engineering bekannt, bietet die Dateisystemverschlüsselung keinen Schutz mehr[8].

## 2.4 Memory Management und Sicherheitsfeatures

Seit einigen Jahren schon sorgt das Thema Exploits immer wieder für Aufsehen. So hat Google aus der Vergangenheit gelernt und eine Vielzahl von Sicherheitsfeatures in Android eingebaut. Allerdings sollte eines der größten Hindernisse für Hacker sein, dass es kaum Anwendungen außerhalb des Kernels gibt, die als „Root" laufen. Sollte ein Exploit bei einer Nicht-Root-Anwendung greifen, läuft der ausgeführte Schadcode in der Sandbox und somit mit eingeschränkten Rechten. Auf den Kernel oder andere Anwendungen kann so erstmals kein Einfluss genommen werden. Dem entgegensteht, dass aber doch ein

---

[7] Fray 2010.

[8] Android Open Source Project 2012b.

paar wenige Anwendungen und der Kernel mit Root-Rechte ausgeführt werden. In der Dokumentation von Google steht dazu:

> Android does not prevent a user or application with root permissions from modifying the operating system, kernel, and any other application.
> —Quelle: Android Open Source Project 2012a

In Anhang B findet sich eine Liste von speziellen Features, die Manipulationen des Speichers verhindern sollen.

## 2.5 Rooting

Durch das „Rooting" eines Android-Systems ist es möglich, erweiterte Rechte bis hin zu Root-Rechten zu erlangen, ähnlich des „Jailbreaks" bei anderen Systemen. Gerade für die Händler von Android-fähigen Handys ist es so möglich, dass System bestmöglich auf ihre Hardware abzustimmen. Allerdings entstehen gerade durch die Eingriffe der Vertriebsfirmen sehr unterschiedliche Optionen für den Kunden, so ist es bei einigen Handys möglich, in den Bootprozess einzugreifen und sogar alternative Betriebssysteme zu installieren. Eine Reihe von Techniken zum Umgehen des Pass-Codes basieren darauf. So ist es möglich, mit verschiedenen Bootloader-Modies die Passwort-Abfrage einfach zu umgehen. Eine genaue Beschreibung der Methoden zum Ausnutzen der Android Debug Bridge, des Recovery-Modus oder des Flashens einer Partition würde an dieser Stelle zu weit führen. Eine wesentlich einfachere Methode, welche oft von Anwendern genutzt wird, um neue Androidversionen aufzuspielen, ist das Nutzen von Apps wie z.B. „Z4 Root"[9], welche auf dem Android-System ein „Rooting" durchführen. Allerdings funktioniert keine der Methoden zuverlässig auf allen verfügbaren Handys und birgt eine Reihe von gefahren. Durch Rooting werden Installierte Apps in die Lage versetzt Aktionen durchzuführen, die ein hohes Risiko darstellen. Selbst eine Verschlüsselung der persönlichen Daten bietet so keinen effektiven Schutz mehr, da der Schlüssel auf dem Device selbst gespeichert wird.

## 3 App-Sicherheit

Dieser Abschnitt beschäftigt sich mit der Sicherheit von Android-Apps. Dabei wird insbesondere auf den Schutz der Benutzer vor unerwünschtem Verhalten von Apps eingegangen. Ein wichtiger Aspekt hierbei ist die Usability und die Einstellungsmöglichkeiten bei der Vergabe von Rechten an Apps.

Bei der Installation einer neuen App auf einem Android-Gerät, zeigt das Betriebssystem dem Benutzer die von der App angeforderten Rechte an. Der Benutzer kann diese bestätigen oder ablehnen. Es ist aber mit der Systemfunktionalität von Android nicht möglich, Apps mit anderen als den angeforderten Rechten zu installieren. Der Benutzer wird kein zweites Mal über die Rechte einer App informiert, er kann sie aber im System

---

[9] vgl. Demgen 2012.

Abbildung 2: Abfrage der Rechte einer neuen App[10]

einsehen. Abb. Abschnitt 3 zeigt die Anzeige der Rechte bei Installation der App „StumbleUpon". Nicht bestätigt werden müssen die Rechte zur Interaktion mit dem Benutzer, dem Schreiben auf den Bildschirm und zum Ändern des eigenen App-Verzeichnisses. Wenn der Benutzer Apps mit eingeschränkten Rechten installieren möchte, besteht mittels des in Unterabschnitt 2.5 beschriebenen Rooting des Geräts dazu eine Möglichkeit. Dies ist allerdings ein schwerwiegender Systemeingriff. Eine schonendere Möglichkeit wäre es, die Datei AndroidManifest.xml der App zu bearbeiten (siehe Unterabschnitt 3.1 für eine Übersicht über die Bestandteile einer Android-App). Dies gefährdet allerdings die Stabilität der App oder sogar des Systems. Beide Methoden sind aus den genannten Gründen nicht zu empfehlen und werden deshalb hier nicht behandelt.

## 3.1 Bestandteile einer Android-App

In diesem Abschnitt werden die Bestandteile einer Android-App erläutert. Eine Android-App wird als Zip-Archiv mit der Dateiendung .apk ausgeliefert. Ihre Hauptbestandteile sind:

**AndroidManifest.xml** Dies ist die Kontroll-Datei, welche den Namen der App enthält, die anderen Komponenten (Activitys, Services und Broadcast Receiver) beschreibt und die benötigten Bibliotheken spezifiziert. Zudem spezifiziert die Datei die Rechte, die eine App benötigt um installiert zu werden und die Rechte, die andere Apps besitzen müssen um auf die App zuzugreifen.

**Activities** Eine Activity ist eine Implementierung einer einzigen spezifischen Aufgabe. Eine davon ist Einstiegspunkt für die App-Ausführung. Eine Activity kann Interaktion mit dem Benutzer über die Benutzeroberfläche beinhalten.

**Services** Ein Service ist ein Dienst, welcher im Hintergrund Dienste anbietet. Andere Komponenten können Methoden des Services mittels Remote Procedure Calls aufrufen.

**Broadcast Receiver** Ein Broadcast Receiver ist ein Objekt, welches erzeugt wird, wenn ein bestimmtes Ereignis eintritt, z.B. ein eingehendes Telefonat. Eine App kann ihren Rechten entsprechend solche Receiver registrieren.

## 3.2 Geschützte Programmierschnittstellen

In diesem Abschnitt werden geschützte Programmierschnittstellen in Android beschrieben. Standardmäßig können Apps nur auf bestimmte Systemresourcen zugreifen. Diese Restriktionen werden entweder durch das Nichtvorhandensein von entsprechenden APIs oder mittels der in Unterabschnitt 2.2 beschriebenen Sandbox durchgesetzt. Im letzteren Fall sind die entsprechenden Ressourcen nicht direkt, sondern nur über das Betriebssystem ansprechbar. Sollte eine App eine Funktionalität anfordern, für die sie keine Rechte besitzt wird eine SecurityException geworfen.

Zu den Systemresourcen, auf die mangels APIs prinzipiell nicht zugegriffen werden kann gehört die SIM-Karte. Die API hierfür wurde absichtlich weggelassen um eine Manipulation von Abrechnungsdaten zu verhindern.

## 3.3 Datenschutz in Android

APIs die Zugriff auf personenbezogene Daten des Benutzers erlauben gehören bei Android zu den geschützten Daten (siehe Unterabschnitt 3.2). Zu diesen Daten gehören Nutzungsdaten wie Liste der geführten Telefonate oder Notizen des Benutzers und Metadaten des Geräts wie Hardwarekennungen. Systemkomponenten, die Zugriff auf solche Daten erlauben (z.B. Adressbuch) können nur mit entsprechenden Rechten angesprochen werden. Auch der Zugriff auf Geräte, die sensible Daten sammeln können (z.B. Mikrofon, Kamera) muss bei der Installation bestätigt werden.

Da einer App lediglich pauschal Internetkommunikation erlaubt werden kann, gibt es keine Möglichkeit Apps mit diesem Recht daran zu hindern gesammelte Daten weiterzugeben. Es ist aber fraglich, ob eine Beschränkung der Internetkommunikation auf bestimmte Partner dieses Ziel tatsächlich sicherstellen könnte.

## 3.4 Sicherheit von Google Play

Google bietet mit Google Play eine Verkaufsplattform für Android-Apps an. Dort können Entwickler ihre Apps anbieten und Android-Benutzer können diese über in Android integrierte Funktionen bequem installieren und bezahlen.

Die Vertrauenswürdigkeit und das Verhalten von Apps in Google Play wird nicht überprüft. Allerdings werden Apps aus Google Play entfernt, wenn ein fragwürdiges Verhalten entdeckt wird. Tatsächlich sind schon mehrfach Apps mit fragwürdigem und vom Benutzer nicht zu erwartenden Verhalten in Google Maps angeboten worden. Viele Apps fordern darüber hinaus sehr weitgehende Rechte an, welche für die eigentlichen Funktionalitäten nicht benötigt werden.

Voraussetzung für das Anbieten einer App in Google Play ist, dass die App vom Entwickler kryptographisch signiert wird. Dabei wird allerdings nicht vorausgesetzt dass die Identität des Entwicklers von einer Zertifizierungsstelle bestätigt wurde. Somit ist es prinzipiell möglich, unter falschem Namen Apps anzubieten. Updates für Apps können ebenfalls über Google Play verteilt werden. Dabei muss das Update mit dem selben Schlüssel wie die App signiert sein.

## 3.5 Signaturen für Apps

Android-Apps müssen vom Entwickler digital signiert werden. Anderenfalls wird die Installation verweigert. Bei einer digitalen Signatur handelt es sich um einen kryptographischen Mechanismus, der sicherstellt, dass eine App tatsächlich unverändert von der Person stammt, die im Besitz des angegebenen privaten Schlüssels ist. So kann auch die Authentizität von Updates sichergestellt werden. Allerdings ist es nicht notwendig, dass eine vertrauenswürdige Instanz (Certificate Authority (CA)) die Identität des Schlüsselinhabers bestätigt hat. Selbst wenn eine solche Bestätigung vorliegt wird sie von Android nicht verifiziert.

Soweit zwei Apps mit dem selben Schlüssel signiert wurden können sie in der AndroidManifest.xml spezifizieren, dass sie die selbe UserID und somit die selben Rechte besitzen sollen.

## 3.6 Digital Rights Management

In diesem Abschnitt wird das Digital Rights Management (DRM) -Framework von Android besprochen. DRM ist eine Technologie, welche es Rechteinhabern erlaubt zu spezifizieren in welcher Weise ihre Werke (nicht) genutzt werden dürfen. Mit DRM ist es einem Filmstudio beispielsweise möglich zu bestimmen dass ein bestimmter Film auf nicht mehr als 3 verschiedene Geräte kopiert werden darf. Dazu werden die Werke verschlüsselt und die Schlüssel vom Betriebssystem verwaltet. Der Hersteller des DRM-Systems überwacht die Nutzung der Werke und verweigert gegebenenfalls die Entschlüsselung. Dazu ist es notwendig, dass der Hersteller Modifikationen am Gerät oder Betriebssystem verhindern kann. Es ergeben sich allerdings Datenschutzproblematiken wie in Unterabschnitt 3.3 erläutert.

Das DRM-Framework von Android ist mittels zweier Architekturschichten implementiert:

**DRM-API** Über diese API können Apps auf die Dienste des DRM-Frameworks zugreifen.

**DRM-Manager** Der DRM-Manager implementiert die DRM-Funktionalität und stellt ein Interface für Plug-ins bereit. Dadurch können externe Entwickler die DRM-Funktionalität erweitern.

# 4 Diskussion

In diesem Abschnitt werden die Inhalte dieser Ausarbeitung zusammengefasst und diskutiert.

## 4.1 Updates

Android-Geräte enthalten im Auslieferungszustand oft eine ältere Version des Betriebssystems. Dies führt dazu, dass Patches für neuere Sicherheitsmängel noch nicht eingespielt sind. Zwischen dem Kunden und dem Hersteller des Gerätes besteht meist keinen Supportvertrag, deshalb ist der Hersteller nicht verpflichtet, Updates bereitzustellen. 2011 wies Google auf der Entwicklerkonferenz Google I/O darauf hin, dass zahlreiche Hersteller eine Selbstverpflichtung eingegangen sind, bei jedem neuen Gerät für mindestens 18 Monate nach Veröffentlichung Updates bereitzustellen. Allerdings werden diese Selbstverpflichtungen teilweise gebrochen[11]. Teilweise werden Updates auch durch technische Beschränkungen erschwert[12].

Android benutzt einen modifizierten Linuxkernel. Ursprünglich sollten die Eigenentwicklungen der Open Handset Alliance in den regulären Linuxkernel einfließen. Allerdings kam es dabei zu Unstimmigkeiten über den hinzugefügten Code. Aus diesem Grund wurde die Zusammenarbeit beendet[13]. Dies führt allerdings dazu, dass sich der reguläre Linuxkernel und der Kernel von Android auseinanderentwickeln und Updates des Linuxkernels nicht einfach übernommen werden können. Dadurch ist der Benutzer auf offizielle Updates angewiesen, welche allerdings, wie oben beschrieben, nicht in ausreichender Häufigkeit erscheinen.

Ein Problem ist auch die Beschränkung auf Lizenzen ohne Copyleft-Klausel. Da viele verbreitete Linux-Komponenten nicht unter entsprechenden Lizenzen stehen, war es notwendig viele Komponenten neu zu entwickeln oder weniger gebräuchliche Komponenten zu verwenden. Dadurch kommen teilweise neue Sicherheitslücken in das System.

## 4.2 Fernzugriff auf Geräte

Google besitzt die Möglichkeit ohne Nachfrage beim Nutzer Apps zu installieren und zu löschen. Der Nutzer wird lediglich benachrichtigt. War die gelöschte Software kostenpflichtig erhält der Nutzer den Kaufpreis erstattet. Ein erster Vorfall dieser Art fand im Juni 2010 statt, als Google eine App löschte, die von Sicherheitsexperten in Google Play eingeschleust wurde um auf mangelnde Kontrollen aufmerksam zu machen[14]. 2010 nutzte Google diese Funktionalität ein weiteres Mal[15].

Kritiker sehen diese Möglichkeit als Bedrohung für die Privatssphäre der Nutzer und als inakzeptablen Eingriff in das Eigentum des Benutzers an. Dies könnte etwa auch von Behörden zu Überwachungszwecken genutzt werden. Dadurch gehöre das Gerät nicht

---

[11] Kovach 2011.
[12] z.B. Pakalski 2012.
[13] vgl. Kroah-Hartmann 2010.
[14] Jaap 2010.
[15] Kögler 2011.

mehr Vollständig dem Benutzer[16]. Google verteidigt die Praxis mit der Möglichkeit Schadsoftware zu entfernen, ohne dass der Nutzer sich darum kümmern müsste.

---

[16] Kögler 2011.

# A Android Schichtenarchitektur

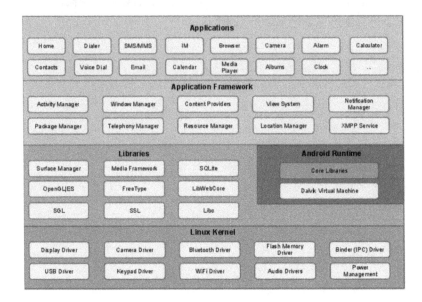

Abbildung 3: Android Schichtenarchitektur (Quelle: Android Open Source Project 2012a)

# B Sicherheitsmaßnahmen auf Memory-Ebene

| Version | Feature | Beschreibung |
| --- | --- | --- |
| 1.5+ | ProPolice | |
| | Safe_iop | |
| | OpenBSD dll-malloc, calloc | Die OpenBSD Bibliotheken bieten Schutz vor Manipulationen des Heaps. |
| 2.3+ | FSVP | Formatstring Vulnerability Protection |
| | No eXecute | Das NX-Bit muss von der Hardware unterstützt werden. Es ermöglicht das Markieren von Speicherseiten als nicht ausführbar. Das verhindert, dass beliebiger Code im Speicher ausgeführt werden kann. |
| | Mmap_min_addr | |
| 4.0+ | ASLR | „Adress Space Layout Randomization" sorgt dafür, dass einem Programm zufälliger Speicher zugewiesen wird. Damit kann ein Hacker nicht mehr vorhersehen, wo genau sein Schadcode liegt. Dies erschwert das Schreiben von Exploits. Schade ist, dass Google sich nicht genug Zeit für die Umsetzung genommen hat, was zu viel Kritik geführt hat. Ausführliche Details sind auf dem Blog von Jon Oberheide zu finden[17]. |
| 4.1+ | PIE | Beim „Position Independent Executable" handelt es sich um ein Feature, welches erlaubt Code in den Speicher zu laden, der keine absoluten Adressen hat. Diese Methode erzeugt zusätzliche Sicherheit, kostet allerdings auch 5-10% mehr Performance. |
| | Read-only relocations | Das Feature erlaubt das Markieren von Code als Read-only. Dies erschwert das Manipulieren von globalen Adressen. |
| | Dmesg_restrict | |
| | Kptr_restrict | |

Tabelle 2: Sicherheitsmaßnahmen auf Memory-Ebene

# Literaturverzeichnis

[2]   Android Open Source Project, Hrsg. *Android Security Overview*. URL: http://source.android.com/tech/security/index.html (besucht am 29.11.2012).

[3]   Android Open Source Project, Hrsg. *Notes on the implementation of Encryption in Android 3.0*. URL: http://source.android.com/tech/encryption/android_crypto_implementation.html (besucht am 29.11.2012).

[7]   Coverity Inc., Hrsg. *Coverity Scan 2010*. URL: http://www.coverity.com/company/press-releases/read/coverity-scan-2010-report-reveals-high-risk-software-flaws-in-android-html (besucht am 29.12.2012).

[8]   Annika Demgen. *So gehts: So rooten Sie ihr Android-Smartphone*. 25. Aug. 2012. URL: http://www.netzwelt.de/news/93450-so-geht-s-so-rooten-android-smartphone.html (besucht am 29.12.2012).

[10]  Tim Fray. *Saving data savely*. 9. Nov. 2010. URL: http://android-developers.blogspot.de/2010/12/saving-data-safely.html (besucht am 29.12.2012).

[11]  Claudia Frickel. *Google löscht Anti-Schnüffel-App für Android*. 27. Feb. 2012. URL: http://www.focus.de/digital/handy/kontroll-app-srt-appguard-google-loescht-anti-schnueffel-app-fuer-android_aid_788679.html (besucht am 28.12.2012).

[12]  Heise Security, Hrsg. *Google löscht Android-App auf Smartphones aus der Ferne*. 25. Juni 2010. URL: http://www.heise.de/security/meldung/Google-loescht-Android-App-auf-Smartphones-aus-der-Ferne-Update-1028907.html (besucht am 28.11.2012).

[16]  Steve Kovach. *How Samsung Just Screwed Over About 10 Million Of Its Android Phone Customers*. 23. Dez. 2011. URL: http://www.businessinsider.com/samsung-galaxy-s-phones-ice-cream-sandwich-update-2011-12 (besucht am 27.11.2012).

[17]  Greg Kroah-Hartmann. *Android and the Linux kernel community*. 9. Dez. 2010. URL: http://www.kroah.com/log/linux/android-kernel-problems.html (besucht am 27.11.2012).

[20]  Offensive Security, Hrsg. 29. Dez. 2012. URL: http://www.exploit-db.com/ (besucht am 29.12.2012).

[21]  Ingo Pakalski. *Kein Android-4-Update wegen zu kleiner Systempartition*. 30. Juli 2012. URL: http://www.golem.de/news/htc-desire-hd-kein-android-4-update-wegen-zu-kleiner-systempartition-1207-93516.html (besucht am 27.11.2012).

[22]  René Hesse Tim Schürmann. *App-Rechte unter Android*. Juni 2012. URL: http://www.android-user.de/Magazin/Archiv/2012/06/App-Rechte-unter-Android (besucht am 27.11.2012).

[24]  Wikipedia, Hrsg. *Android (Betriebssystem)*. 29. Nov. 2012. URL: http://en.wikipedia.org/wiki/Android_version_history (besucht am 29.12.2012).

# Quellenverzeichnis

[1] Aleph One Ltd., Hrsg. URL: http://www.yaffs.net (besucht am 30. 12. 2012).

[4] Android Open Source Project, Hrsg. *Platform Versions.* URL: http://developer. android.com/about/dashboards/index.html (besucht am 29. 11. 2012).

[5] Android Open Source Project, Hrsg. *The AndroidManifest.xml File.* 16. Nov. 2012. URL: http://developer.android.com/guide/topics/manifest/manifest-intro.html (besucht am 29. 11. 2012).

[6] Kevin Baumann. *Neue Phishing-Angriffe auf Android-Handys per Paypal-SMS.* 6. Nov. 2012. URL: http://www.spam-info.de/neue-phishing-angriffe-auf-android-handys-per-paypal-sms/2012-11-06/ (besucht am 18. 11. 2012).

[9] Dr. Oliver Diedrich. *Die Woche: Angriff auf Android.* 5. Aug. 2010. URL: http://www.heise.de/open/artikel/Die-Woche-Angriff-auf-Android-1051455.html (besucht am 18. 11. 2012).

[13] Matthias Jaap. *Google löscht zwei Apps fernsteuert.* 25. Juni 2010. URL: http://www.maclife.de/panorama/netzwelt/google-loescht-zwei-android-apps-ferngesteuert (besucht am 28. 11. 2012).

[14] Christian Kahle. *Angriffe auf Android-Handys nehmen sprunghaft zu.* 16. Nov. 2011. URL: http://winfuture.de/news,66623.html (besucht am 18. 11. 2012).

[15] Nicole F. Kögler. *Wenn Google das Smartphone fernsteuert.* 7. März 2011. URL: http://www.zeit.de/digital/mobil/2011-03/Google-Android-Smartphone (besucht am 28. 11. 2012).

[18] Eike Kühl. *Android, bitte freimachen.* 2. März 2012. URL: http://www.zeit.de/digital/mobil/2012-03/android-freie-software-cyanogenmod/komplettansicht (besucht am 28. 11. 2012).

[19] Jon Oberheide. *A look at ASLR in Android Ice Cream Sandwich 4.0.* 17. Feb. 2012. URL: https://blog.duosecurity.com/2012/02/a-look-at-aslr-in-android-ice-cream-sandwich-4-0/ (besucht am 29. 12. 2012).

[23] Wikipedia, Hrsg. *Android (Betriebssystem).* 29. Nov. 2012. URL: http://de.wikipedia.org/w/index.php?title=Android_(Betriebssystem)&oldid=111088315 (besucht am 29. 11. 2012).

www.ingramcontent.com/pod-product-compliance
Lightning Source LLC
La Vergne TN
LVHW042128070326
832902LV00037B/1654